BLV Dreipunkt-Buch

1001 Frühling im Wald
1002 Vögel in Garten und Park
1003 Bäume und Sträucher
1004 Pilze
1005 Pflanzen der Wiese
1006 Sommer im Feuchtgebiet
1007 Vögel im Wald
1008 Vogelnester, Vogeleier
1009 Pflanzen am Wegrand
1010 Früchte der Bäume und Sträucher
1011 Singvögel
1012 Greifvögel und Eulen
1013 Schmetterlinge
1014 Alpenblumen
1015 Gefährdete Pflanzen
1016 Heilpflanzen

Drei-
punkt-
Buch

finden
bestimmen
kennen

Alpenblumen

Nach Blütenfarben bestimmen

Text: Ute E. Zimmer
Gesamtbearbeitung: Dorothee Eisenreich

BLV Verlagsgesellschaft
München Wien Zürich

CIP-Kurztitelaufnahme der Deutschen Bibliothek

Alpenblumen: nach Blütenfarben bestimmen /
Text: Ute E. Zimmer. Gesamtbearb.: Dorothee Eisenreich. –
München; Wien; Zürich: BLV Verlagsgesellschaft, 1986.
(Drei-Punkt-Buch: Finden, bestimmen, kennen; 1014)
ISBN 3-405-13250-9

NE: Zimmer, Ute E. [Mitarb.];
Eisenreich, Dorothee [Bearb.];
Drei-Punkt-Buch / Finden, bestimmen, kennen

Der **Kasten** neben der Überschrift
gibt jeweils von links nach rechts an:
Wuchshöhe, Blütezeit, Höhenbereich, in dem die Art vorkommt.

In den Texten bedeuten:
M = Merkmale; **V** = Vorkommen; **B** = Besonderheiten.

Drei-Punkt-Buch 1014

Satz und Druck: Appl, Wemding
Buchbinder: Ludwig Auer, Donauwörth

Printed in Germany · ISBN 3-405-13250-9

Inhalt

Einführung

Die große Formenvielfalt der Alpenpflanzen läßt sich als Anpassung an die besonderen Lebensbedingungen in den Alpen erklären. Mit zunehmender Höhe ändert sich das Klima und damit auch die Vegetation. Dieses Büchlein stellt eine Auswahl von Alpenpflanzen mit ihren spezifischen Anpassungen an die verschiedenen Lebensbedingungen vor.

Oberhalb der Bergwaldstufe (500–1500 m) und der Krummholzzone (1500–2500 m) folgen die Zwergstrauchheiden und alpinen Rasen (2400–3400 m) – die eigentlichen Lebensräume der Alpenpflanzen. Noch höher schließen sich die Polsterpflanzenzone und der ewige Schnee an, in den neben sehr wenigen Blütenpflanzen (z. B. Gletscher-Hahnenfuß) nur noch Moose, Flechten und Algen vordringen.

Lichtintensität, Wind, Kälte (–1 °C pro 250 m) und Niederschläge nehmen mit zunehmender Höhe zu. Durch Zwerg- und Polsterwuchs können die Pflanzen die schützende Schneedecke und Bodenwärme als Frostschutz nutzen, windstille Räume im Polsterinnern schaffen und so die Verdunstung herabsetzen. Auch Behaarung, Wachsüberzüge, die Ausbildung ledriger, umgerollter oder nadelartiger Blätter wirken der Verdunstung entgegen. Fleischige Blätter dienen als Wasserreservoir, wie auch die oft dicken, tiefgehenden Wurzeln, die noch in großen Tiefen Wasser erreichen und die Pflanze fest im Boden verankern können. Da die Vegetationszeit sehr kurz ist, werden Blüten häufig bereits im Herbst angelegt.

Sind die Lebensbedingungen auch recht widrig, so gehen doch die meisten Gefährdungen vom Menschen aus. Nicht nur Pflücken oder Ausgraben – auch geschützter Arten –, sondern v. a. die grenzenlose Erschließung stillster Täler oder höchster Gletscher für den Massentourismus und die immer intensivere Landwirtschaft (Planierung, Aussäen standortfremder Gräser, großflächiges Ausbringen von Dünger) stellen eine akute Lebensbedrohung für viele Arten dar. Hier muß schnellstens ein Umdenken einsetzen, damit die einzigartige Alpenflora der Nachwelt erhalten bleibt!

Blütenstände

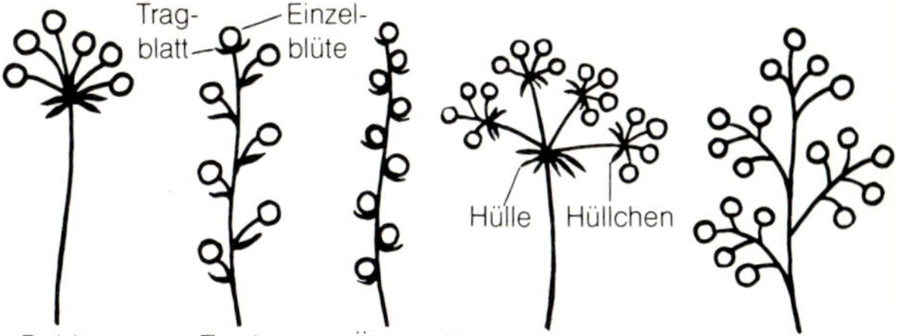

Dolde · Traube · Ähre · Zusammengesetzte Dolde · Rispe

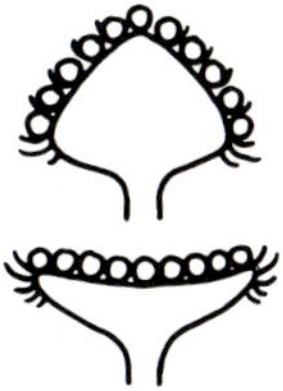

Köpfchen

Blattformen und Blattränder

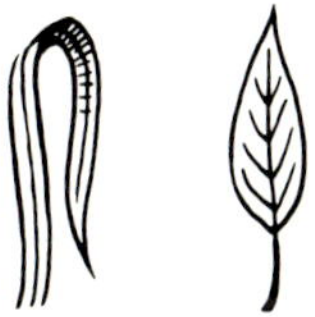

linealisch · lanzettlich

elliptisch · eiförmig · handförmig gefiedert · paarig gefiedert · unpaarig gefiedert

gelappt · ganzrandig · gesägt · gezähnt · gekerbt

Schneerose

Helleborus niger

10–30 cm	(XII–) II–IV	bis 1850 m

[M] Die großen weißen oder rosa Blüten werden von 5 bleibenden Kelchblättern gebildet, die grünlich oder purpurn verblühen. Die Kronblätter sind zu Nektarblättern umgebildet. Die ledrig-dunkelgrünen, 7–9teiligen, fußförmigen Blätter überwintern. Schwarzer Wurzelstock. [V] In Gebüsch und lichten Gebirgswäldern sowie auf nährstoffreichen Kalkböden. [B] Geschützt! Der scharf ranzig riechende Wurzelstock reizt zum Niesen (Nieswurz). Er ist wegen des bitteren, stark herzwirksamen Diglykosids Helleborin sehr giftig. Verzehr führt zu Schwindel, Durchfall und Kollaps. Die Wurzel wird heute noch in der Volksmedizin als Brech- und Abführmittel genutzt.

Alpen-Kuhschelle

Pulsatilla alpina

15–30 cm	VI–VIII	1500–2800 m

M Die 4–6 cm großen, flach ausgebreiteten, zottigen Blüten der sonst fast kahlen Staude sind innen weiß, außen blau überlaufen und von meist 3 laubblattähnlichen, gestielten Hüllblättern umgeben. Die 3zähligen, zerstreut behaarten Grundblätter sind doppelt fiederschnittig. V Häufig auf steinigen, kalkreichen Matten und Triften. B Die langen und fedrig behaarten Fruchtgriffel bilden eine zerzauste Perücke; so auch bei der kleineren Frühlings-Kuhschelle *(Pulsatilla vernalis)*, deren glokkige, anfangs nickende Blüten bereits nach der Schneeschmelze (III–VI) erscheinen. Überwintert mit ledrig grünen Blättern. Beide Arten sind giftig und geschützt.

Alpen-Hahnenfuß

Ranunculus alpestris

5–10 cm	V–IX	1500–2800 m

M Der gefurchte, oft blattlose Stengel der kahlen Staude trägt meist eine Blüte von 5 leuchtend weißen Kronblättern, die von 5 grünen Kelchblättern umgeben sind. Die langgestielten, 3–5lappigen Grundblätter mit herzförmigem Grund sind grob gekerbt. **V** Häufig und verbreitet auf frischen, feuchten Triften, oft in der Nähe von Schnee oder Schmelzwasser. **B** Da der Pflanze nur eine sehr kurze Vegetationszeit zur Verfügung steht, entwickeln sich die grünen, fettig glänzenden Laubblätter bereits unter dem Schnee und entfalten sich sofort nach dem Ausapern. Die scharf schmeckenden Blätter werden gerne von Gemsen gefressen (Gamskreß).

Gletscher-Hahnenfuß

Ranunculus glacialis

4–15 cm	VII–IX	2000–4000 m

M Die 1–3 weißen, außen rötlich überlaufenen, 1–3 cm großen Blüten bleiben zusammen mit dem dunkelrostrot behaarten Kelch bis zur Fruchtreife erhalten (einzige Hahnenfußart!). Die dicken, 3teiligen, glänzend grünen Grundblätter sind tief eingeschnitten. Wurzelstock zwiebelartig verdickt. **V** Auf feuchtem Felsschutt und Geröll; auf kalkarmen Böden. **B** Schuttstauer, dessen knolliger Wurzelstock durch viele Faserwurzeln im Geröll verankert ist. Der »Gipfelstürmer« unter den Blütenpflanzen der Alpen (bis 4275 m!) ist nur durch die pelzige Behaarung des Kelches an die extremen Witterungsbedingungen seines Standortes angepaßt.

Weißer Alpenmohn

Papaver sendtneri

5–20 cm	VII–VIII	2000–2800 m

[M] Der mit steifen gelben Haaren besetzte Stengel der Rosettenstaude trägt nur eine weiße, bis 4 cm große, duftende Blüte mit zahlreichen Staubblättern. Der schwärzlich behaarte Kelch fällt beim Öffnen ab. Die Zipfel der einfach fiederteiligen, graugrünen Blätter sind gelappt. [V] Meist gesellig auf Schutthalden und Geröllfeldern; nur auf Kalk und Dolomit. Nur in den nördlichen Kalkalpen! [B] Wie der Gelbe Alpenmohn (s. S. 24) ein typischer Schuttstauer, der mit langer Pfahlwurzel im Schutt verankert ist. Die verzweigten Seitenwurzeln dienen als Nährwurzeln. Die Grundblattrosetten der Seitensprosse bilden polsterförmige Horste.

Trauben-Steinbrech

Saxifraga paniculata

5–30 cm	V–VIII	bis 3400 m

M Die weißen bis gelblichen, oft rotgepunkteten, 8–15 mm großen Blüten stehen in lockeren, rispenartigen Trauben am meist drüsig behaarten Stengel. Die immergrünen, fleischigen Blätter mit weißrandigen (Kalkausscheidungen!) Zähnen bilden 1–6 cm breite, halbkugelige Rosettenpolster. **V** In Felsspalten, auf Felsblöcken; meist auf Kalk. **B** Die immergrünen, fleischigen Blätter stellen eine hervorragende Anpassung an extreme Standortbedingungen dar: Wasservorrat durch dicke Oberhaut geschützt, Transpiration herabgesetzt, aktive Kalkausscheidung durch Blattranddrüsen. An schneefrei geblasenen Stellen ist Assimilation sogar im Winter möglich.

Silberwurz

Dryas octopetala

2–10 cm	V–VIII	1200–2500 m

M Die 2–4 cm großen weißen Blüten aus je 8(–9) Kelch- und Kronblättern stehen am Ende drüsig behaarter Stengel, die einzeln den Laubblattachseln entspringen. Charakteristische Fruchtperücken aus verlängerten, anfangs schraubig gedrehten, fedrig weiß behaarten Griffeln. Elliptische, gekerbte, immergrüne Blätter mit leicht eingerolltem Rand, oben glänzend dunkelgrün, unten weißfilzig. V Meist gesellig auf Kalkfels und -schutt. B Am Boden kriechender Zwergstrauch, der bis zu 2 m lange, bewurzelte Triebe ausbilden und verholzte Rasen bilden kann. Wird bis 100 Jahre alt. Das reich verzweigte Wurzelwerk ist immer von einem symbiotischen Pilz umgeben.

Echte Bärentraube

Arctostaphylos uva-ursi

30–100 cm	III–VII	bis 2800 m

[M] Die krugförmigen weißen bis rosa Blüten mit 5 zurückgeschlagenen Kronzipfeln und 5spaltigem Kelch stehen in wenigen, endständig überhängenden Trauben. Die weitkriechenden, dicht beblätterten Äste des teppichbildenden Spalierstrauches tragen immergrüne, verkehrt-eiförmige, ganzrandige dunkelgrüne Blätter. Mehlige Steinfrucht, scharlachrot. [V] Trockene, sonnige Zwergstrauchheiden und Bergwälder, geschützte Felsnischen. [B] Blätter enthalten u.a. Arbutin, Gerbstoffe, Flavone, Glykoside, wirken bei Harnwegsinfekten, Durchfall und als Wehenmittel. Wegen des hohen Gerbstoffgehalts wurden sie früher auch zum Gerben von Leder genutzt.

Breitblättriges Hornkraut

Cerastium latifolium

3–8 cm	VII–VIII	1500–3500 m

M Die weißen, 2,5–3,5 cm großen Blüten mit 2spaltigen Kronblättern, 10 Staubblättern und 5 Griffeln bedecken oft völlig das borstig behaarte, lockerrasige Kraut. Blütentragende Stengel niederliegend bis aufsteigend, 4–15 cm lang. Blätter eiförmig, zugespitzt, mit breitem Grund sitzend. **V** Verbreitet und gesellig auf beweglichem, kalkreichem Grobschutt. **B** Charakterart der Steinschuttgesellschaften, wie Rundblättriges Täschelkraut (s. S. 41); Schuttdecker, -wanderer und -überkriecher. Die bis 80 cm lange Pfahlwurzel verankert die Pflanze tief im Geröll. Die Frucht ist eine hornförmig gekrümmte Kapsel (Name!).

Alpen-Fettkraut

Pinguicula alpina

5–15 cm	VI–VIII	bis 2600 m

M Die Krone der weißen, 8–10 mm großen Blüten ist in eine 2spaltige Ober- und 3lappige Unterlippe geteilt und zeigt 1–2 gelbe, behaarte Schlundflecken. Sporn stumpf, kegelig nach vorne gebogen. Blütenstiel drüsig behaart. Die gelbgrünen, länglich-lanzettlichen Blätter sind drüsig-klebrig behaart und bilden eine dem Boden anliegende Grundrosette. V Alpine Rasen, feuchte Felsspalten und quellige Stellen; kalkliebend. B Das Fettkraut gehört zu den »fleischfressenden« Pflanzen: Insekten oder andere kleine Kerbtiere haften an den klebrigen Drüsenköpfchen der Blattoberseite, werden von Drüsensekret verdaut und von Absorptionshaaren aufgenommen.

Edelweiß

Leontopodium alpinum

5–15 cm	VII–IX	1700–3400 m

M Der weiße Blütenstern der bekanntesten Alpenblume ist eine Scheinblüte: Hunderte winziger Röhrenblüten sind in 4–5 gelbgrünen Blütenköpfchen zusammengefaßt und von dicht weißfilzigen Hochblättern umgeben. Die länglichen, ganzrandigen Laubblätter sind v. a. unten stark weißfilzig. **V** Felsige Hänge, magere Wiesen; meist auf Kalk. **B** Der weiße Schimmer der dicht behaarten Staude entsteht durch Lichtreflexion an Tausenden kleiner Luftbläschen in den Haaren, die v. a. als Verdunstungsschutz dienen (Anpassung an Wind und Trockenheit). Blütenköpfchen blühen nacheinander von außen nach innen auf (lange Blütezeit!). Wintersteher.

Frühlings-Krokus

Crocus albiflorus

5–15 cm	II–IV	800–2700 m

M Die trichterförmigen, weißen (seltener violett oder weiß-violett gestreift) Blüten des Knollengewächses erscheinen gleich nach der Schneeschmelze, die schmalen, grasartigen, grünen Blätter mit weißem Mittelstreif und umgerolltem Rand erst nach dem Verblühen. Oberirdischer Stengel fehlt. **V** Meist massenhaft auf frischen, nährstoffreichen Matten, Wiesen, Lägerfluren. **B** Die kugeligen Knollen werden jedes Jahr neu gebildet, sitzen der alten Knolle auf und werden durch Kontraktionswurzeln in die Tiefe gezogen. Oft durch Maulwürfe verbreitet. Bestäubung durch Hummeln und Falter, bei Schlechtwetter Selbstbestäubung in den geschlossenen Blüten.

Weißer Germer

Veratrum album

50–150 cm	VI–VIII	800–2700 m

M Die weißen, außen hellgrüngelben, sternartigen Trichterblüten sind 12–15 mm groß, stehen in einer bis 50 cm langen Rispe und duften, v.a. bei Sonnenschein sehr intensiv. Blätter 3zeilig angeordnet, breitoval, tief längs gefaltet, unterseits flaumig behaart. Blattscheiden bilden einen Scheinstengel. Wurzel innen weiß. **V** Auf feuchten, nährstoffreichen Weiden, Hochstauden- und Lägerfluren. **B** Stark giftig! Wurzel riecht sehr unangenehm. Genuß der Pflanze führt zu Erbrechen, Durchfall, Muskelkrämpfen, Atemnot, Kollaps und Tod. Alte Heilpflanze, ist im nichtblühenden Zustand leicht mit dem Gelben Enzian (s. S. 30) zu verwechseln.

Späte Faltenlilie

Lloydia serotina

7–10 cm	VI–VIII	1850–3100 m

M Die sternförmigen, 10–20 mm großen Blüten der zierlichen Staude stehen meist einzeln am kahlen, wenig beblätterten Stengel. Die milchigweißen Kronblätter sind am Grunde gelb und zeigen je 3 feine rötliche Streifen. Die 2 grundständigen grasartigen, fast fadenförmigen, graugrünen Blätter entspringen einer kleinen, länglichen Zwiebel. **V** Vereinzelt in humosen Felsspalten, auf windexponierten, schneefrei geblasenen Stellen; meist auf sauren Böden. **B** Die zarte Lilie steigt von allen Liliengewächsen in den Alpen am höchsten und ist erstaunlich wind- und frostfest. Bestäubung durch Fliegen, an rauhen Stellen meist Selbstbestäubung.

Schwefel-Kuhschelle

Pulsatilla sulphurea

15–40 cm	V–VI	bis 2700 m

M Die große schwefelgelbe Blüte (Name!) dieser Kuhschelle steht am Ende des aufrechten, behaarten, oft rötlichen Stengels, von 3quirligen, doppelt fiederschnittigen, gestielten Hochblättern umgeben, die den länger gestielten Grundblättern sehr ähnlich sind. V Sonnige, trockene Magerrasen, Bergwiesen, Zwergstrauchheiden; ausschließlich auf sauren Böden. B Geschützt! Wie andere Kuhschellen (s.S.9) extrem düngerfeindlich. Giftig! Auch ihre Blätter enthalten Anemonol. Der frische Preßsaft oder alkoholische Auszug der frischen Pflanze findet in der Homöopathie Verwendung: denn er ist schmerzstillend, schweißtreibend, krampflösend.

Trollblume

Trollius europaeus

10–60 cm	V–VII	bis 3000 m

M Der unverzweigte Stengel der kahlen Staude trägt endständig eine 2–3 cm große, kugelige, gelbe, schwach duftende Blüte. 10 Kron- und 5–10 Nektarblätter umgeben zahlreiche Staubblätter und Fruchtknoten. Die meist 3zähligen Blätter sind handförmig geteilt, mit lappig gesägten Zipfeln. Stengelblätter sitzend, Grundblätter gestielt. **V** Häufig auf frischen, feuchten Wiesen, Hochstaudenfluren. **B** Die kugeligen Blüten (althochdeutsch »troll« = kugelrund) öffnen sich nur bei Sonne ein wenig und erlauben es somit kleinen Insekten, dort Unterschlupf und Schutz zu finden und die Bestäubung vorzunehmen. Giftig! Teilweise geschützt!

Gelber Alpenmohn

Papaver rhaeticum

5–15 cm	VII–VIII	1800–3040 m

M Der Stengel der steifhaarigen Rosettenstaude trägt eine 4–5 cm große, stark duftende Blüte. Die dunkelbraun behaarten Kelchblätter fallen, wie bei allen Mohngewächsen, beim Aufblühen ab. Grundständige Blätter einfach fiederteilig, mit stumpfen, 2–3lappigen Zipfeln. **V** Zerstreut, aber gesellig auf Geröll und Schutt, auch Flußschotter. Nur auf Kalk. Nur in den südlichen Alpen! **B** Wie der Weiße Alpenmohn (s. S. 12) ist auch der Gelbe Alpenmohn ein typischer Schuttstauer, der wesentlich zur Befestigung von Geröllfeldern beiträgt. Die stark duftenden, pollenreichen Blüten werden von Zweiflüglern bestäubt, bei schlechtem Wetter auch Selbstbestäubung.

Kriechende Nelkenwurz

Geum reptans

5–15 cm	VII–VIII	2100–3400 m

M Die auffallend großen (3–4 cm), leuchtend goldgelben Blüten der behaarten Halbrosettenstaude stehen einzeln am Ende oft rötlicher Stengel. Charakteristisch sind seidig-rötlich schimmernde, in sich gedrehte Fruchtperücken aus fedrig behaarten, bis 3 cm langen, am Früchtchen bleibenden Griffeln. Die unterbrochen gefiederten, unterseits behaarten Grundblätter bilden eine Rosette, aus deren Blattachseln bis 1 m lange, kriechende Ausläufer (Name!) entspringen, die an ihrem Ende festwurzelnde Tochterpflanzen tragen. V Auf kalkarmem, lockerem Geröll. B Typischer Schuttwanderer, der mit kräftigem Wurzelstock im Gestein verankert ist.

Gold-Fingerkraut

Potentilla aurea

4–35 cm	VI–IX	1300–2600 m

M Die goldgelben, 1,5–2 cm großen Blüten stehen meist zu wenigen am behaarten Stengel, der aus einem dicken Wurzelstock hervorgehenden Halbrosettenstaude. Die 5 breiten, ausgerandeten Kronblätter sind am Grunde oft orange. Grundblätter gefingert, 5zählig, Blättchen verkehrt-eiförmig, im vorderen Drittel scharf gesägt, oberseits fast kahl, hellgrün, unterseits auf den Nerven und am Rand (einziges Fingerkraut!) lang silbrig behaart. **V** Häufig auf sauren alpinen Rasen und humosen Lehmböden. **B** Überwintert mit grünen Blättern, treibt schon unter dem Schnee junge Blätter. Alte Heilpflanze, enthält u. a. Gerbsäure, ätherische Öle, Glykoside, Harz.

Gelbes Bergveilchen

Viola biflora

8–12 cm	V–VIII	bis 3000 m

[M] Gleich nach der Schneeschmelze entfaltet die Rosettenstaude ihre 15 mm großen, hellgelben Blüten mit kurzem, geradem Sporn. Die 5 Kronblätter zeigen am Grund dunkelgelbe Saftmale und dunkelbraune Nektarstriche. Kelchblätter spitz. Der weitkriechende Erdstock treibt mehrere zarte Blütenstengel mit meist 2, seltener 1 oder 3 Blüten sowie wenige grundständige, nierenförmige Blätter mit eiförmigen Nebenblättern. [V] In Bergwäldern, Schluchten, Spalten, an feuchten, schattigen, humosen Stellen. [B] Hat nur geringes Lichtbedürfnis und welkt schnell in der Sonne. Braucht im Winter eine dicke Schneedecke als Frostschutz.

Immergr. Felsenblümchen

Draba aizoides

5–10 cm	IV–VIII	1600–3400 m

M Im Frühjahr, wenn ringsum noch Schnee liegt, erscheinen die goldgelben, 4–5 mm großen Blüten der kahlen Rosettenstaude in doldentraubigem Blütenstand am blattlosen Stengel. Die Grundrosette wird von ledrig hellgrünen, schmal-lanzettlichen, am Rande borstig bewimperten Blättchen gebildet. **V** Pionierpflanze offener Rasengesellschaften, in Felsspalten, auf exponierten Graten; v. a. auf Kalk. **B** An extreme Standorte gut angepaßt. Die ledrigen, immergrünen Blätter trotzen stärkstem Wind und können auch ohne Schneeschutz überwintern, wie die bereits im Herbst vorgebildeten Blütenknospen. Fruchtstand verlängert. Wintersteher.

Aurikel

Primula auricula

5–25 cm	IV–VII	1600–2500 m

M Die goldgelben, 15–25 mm großen, stark duftenden Blüten unserer größten alpinen Primel stehen in 4–12blütigen Dolden. Die Kronröhre ist viel länger als der glockige Kelch. Der Blütenstengel entspringt einer Rosette hellgrüner, fleischiger, verkehrt-eiförmiger Blätter mit knorpeligem, glattem oder gezähntem Rand. Blätter, oft auch andere Pflanzenteile mehlig bereift. **V** In Felsspalten, auf steinigen Matten; nur auf kalkreichem Gestein. **B** Der kräftige Wurzelstock verankert die Pflanze tief in Felsklüften, die fleischigen Blätter können für Trockenzeiten Wasser speichern. Durch unerlaubtes Pflücken heute sehr selten geworden. Geschützt!

Gelber Enzian

Gentiana lutea

45–140 cm	VI–VIII	bis 2500 m

M Die goldgelben, gestielten Blüten stehen in 3–10blütiger Trugdolde in den Achseln schalenförmiger Hochblätter. Kelch blaßgelb, häutig, geschlitzt; radiäre Krone fast bis zum Grund 5–6teilig. Stengel hohl, stielrund, entspringt einer armdicken, innen gelben Pfahlwurzel. Blätter gegenständig, elliptisch, stark bogennervig, blaugrün. **V** Meist gesellig auf ungedüngten Bergwiesen. **B** Alte Heilpflanze (Magenmittel), deren bis 10 kg schwere Wurzel den höchsten Bitterstoffgehalt aller Enzianarten aufweist. Die vergorene Wurzel wird zu Enzianschnaps gebrannt. Geschützt! Nichtblühend mit dem giftigen Weißen Germer (s. S. 20) zu verwechseln.

Punktierter Enzian

Gentiana punctata

20–60 cm	VII–IX	1400–3050 m

[M] Die hellgelben, innen dunkel punktierten, glockigen Blüten mit 5–8 stumpfen Zipfeln sitzen in unten arm-, oben reichblütigen Quirlen in Achseln großer, sitzender Hochblätter. Die gegenständigen, eiförmig-länglich zugespitzten Blätter sind unten gestielt, oben sitzend. Stengel aufrecht, kantig, oben oft metallisch überlaufen. [V] Gesellig auf steinigen Matten und Weiden; v. a. auf sauer-humosen Lehm- und Tonböden. [B] Wie bei allen großwüchsigen Enzianarten wird aus der dicken Wurzel Enzianschnaps gebrannt, was auch bei dieser Art, wie beim neben beschriebenen Gelben Enzian stellenweise bis zur Ausrottung geführt hat. Geschützt!

Großblütige Gemswurz

Doronicum grandiflorum

10–50 cm	VII–VIII	1800–3120 m

[M] Die 4–6 cm großen, goldgelben Blütenköpfe stehen meist einzeln, selten zu 2–5 am aufrechten, hohlen, drüsig behaarten Stengel. Die 2 cm langen Zungenblüten umgeben viele röhrige Scheibenblüten. Grundblätter eiförmig-stumpf, grob buchtig gezähnt, wie die Stengelblätter dünn behaart und drüsig. Stengelblätter eiförmig-lanzettlich, gezähnt, halb stengelumfassend. [V] Verbreitet und gesellig auf Felsschutt und Geröll; auf Kalk. [B] Schuttstrecker, arbeitet sich durch Geröll hindurch. Wegen ihres Süßstoffgehaltes wird die Pflanze gern von Gemsen (Name!), Ziegen und Hirschen gefressen. Senner würzen mit dem Kraut ihren Kräuterkäse.

Arnika

Arnica montana

20–60 cm	V–VIII	bis 2830 m

M Die 4,5–6 cm großen orangegelben Blütenköpfe der aromatisch duftenden, weichharigen Staude stehen meist einzeln (selten 2–5) am unverzweigten, drüsigen Stengel mit 2–3 gegenständigen, sitzenden Blattpaaren. Rosettige Grundblätter eiförmig, ganzrandig, mit 5–7 Längsnerven. V Gesellig auf mageren Wiesen und Weiden; kalkmeidend. B Alte Heilpflanze, enthält den Bitterstoff Arnicin, ätherisches Öl, Gerbsäure und ein Alkaloid; schmeckt bitter und scharf. Die alkoholische Tinktur der Blüten ist sehr scharf und dient v. a. als Wundmittel und bei Quetschungen. Sammeln und Düngen führte stellenweise zum Verschwinden. Teilweise geschützt!

Alpenkratzdistel

Cirsium spinosissimum

20–50 (-120) cm	VII–IX	1400–3100 m

M Die bleichgelben Blütenköpfe stehen meist zu 2–10 am nicht oder wenig verzweigten, stark beblätterten Stengel. Sie werden von vielen, bleichgelben, zugespitzten, dornig gezähnten Hochblättern umgeben. Die Blüten sind gelblich-weiß, die Haarkrone der Früchte gefiedert. Die stengelumfassenden, gelblich-grünen Blätter sind länglich, wellig-fiederspaltig, mit dornig gezähnten Lappen. **V** Auf Hochstauden- und Lägerfluren und frischen, tiefgründigen Weiden; auf nährstoffreichen Böden. **B** Wahrzeichen der Alpen! Die dornigen Blätter sind Meisterwerke der Ornamentik und dienten bereits im Mittelalter als Vorlage für Brokatstickerei.

Stengelloses Leimkraut

Silene acaulis

1–5 cm	VI–IX	1500–3600 m

M Die leuchtend roten (seltener weiß oder rosa), 15–25 mm großen, duftenden Blüten überziehen die flachen oder leicht gewölbten Polster. Sie stehen einzeln, endständig an stark verzweigten, oberirdischen Trieben und ragen nur wenig aus dem Polsterkissen heraus. Blättchen schmal-lanzettlich, ledrig, am Rand stachelig bewimpert. Wurzel bis 130 cm lang. **V** Steinige Weiden, Felsen, Grate; kalkliebend, düngerfeindlich. **B** Die Triebspitzen sind nur an der Oberfläche grün, im Innern des Polsters sind die Blättchen abgestorben, produzieren Eigenhumus, der von sproßbürtigen Wurzeln durchzogen ist. Polster kann bis 2 m breit und 100 Jahre alt werden.

Alpen-Nelke

Dianthus alpinus

2–20 cm	VI–VIII	1000–2250 m

M Die auffallend großen, 2–3 cm breiten, duftlosen Blüten stehen meist einzeln oder zu zweit an wenigen, kurzen Sprossen, die grundständigen Blattrosetten entspringen. Die am Rand gezähnten Kronblätter sind oberseits leuchtend fleischfarben, im Schlund tief purpurn und weiß gesprenkelt. Blätter lineal-lanzettlich, stumpf, glänzend grün. **V** Häufig und gesellig auf steinigen Rasen, Matten, Triften. Endemit (d. h. im Vorkommen beschränkt auf den Bereich) der nordöstlichen Alpen. **B** Wie alle Nelkengewächse ausgesprochen lichtliebend. Verkörpert mit den unverhältnismäßig großen, leuchtenden Blüten und dem kurzen Stengel den Typus der Alpenpflanzen.

Zwerg-Seifenkraut

Saponaria pumila

2–10 cm	VII–IX	1700–2600 m

M Die 2 cm großen, rosenroten Blüten sind in das flache Polster eingesenkt. Der grüne, kurzzottige, aufgeblasene Kelch ist oft rötlich überlaufen, die ausgerandeten Kronblätter tragen ein 2spitziges Krönchen. Die stumpflinealen Blätter stehen in dichten Rosetten, die Stengel sind 1blütig. Eine starke Wurzel verankert die Pflanze im Boden. **V** Gesellig auf Alpenrasen, in Zwergstrauchheiden; auf sauren, kalkarmen, humosen Böden. **B** Wegen ihrer besonderen Wuchsform ist die Polsterpflanze gut an hochalpines Klima angepaßt, vor Wind-, Sand- und Schneegebläse geschützt. Kann Bodenwärme und Schneedecke als Frostschutz nützen.

Berg-Hauswurz

Sempervivum montanum

5–10 (–25) cm	VII–IX	1700–3400 m

M Die 24–30 mm großen sternförmigen Blüten der polsterbildenden Rosettenstaude stehen zu 3–11 zusammen. Die 12–16 lineal-lanzettlichen Kronblätter sind rotviolett mit dunklem Mittelstreif und umgeben zahlreiche Staubblätter und Fruchtknoten. Blätter hellgrün, wie der Stengel drüsig-zottig behaart, mit kurzer, zuweilen rötlicher Spitze. Sie bilden kugelige bis sternförmige Rosetten von 1–2 (–5) cm Breite. **V** Häufig auf steinigen, kurzrasigen Weiden; neutrale bis saure, auch ausgelaugte Böden. **B** Die fleischigen Blätter dienen als Wasserreservoir, die Pflanze kann daher gut lange Trockenzeiten überstehen (sempervivum = »immerlebend«).

Gegenblättr. Steinbrech

Saxifraga oppositifolia

2–5 cm	V–VII	1800–3800 m

M Die 1–2 cm großen, anfangs rosa bis purpur, später violett bis blauen Blüten stehen einzeln, endständig an aufstrebenden, dicht beblätterten Stengeln. Übrige Stengel niederliegend, kriechend, dicht 4zeilig beblättert, bilden dichte, flache Polster. Blätter elliptisch, etwas fleischig, starr, spitz, anfangs bewimpert, blaugrün. **V** In Felsspalten, auf Fels, Graten, Geröll, Pionierrasen; auf jeder Unterlage, unabhängig vom Gestein. **B** Unser schönster alpiner Steinbrech lebt inmitten des ewigen Eises (Nivalflora) und ist gegen extreme Temperaturen (–40 °C) unempfindlich. Seine Früchte reifen noch in höchsten Lagen und werden vom Wind verbreitet.

Steinschmückel

Petrocallis pyrenaica

2–8 cm	VI–VII	1700–3400 m

M Die rosa bis hellvioletten, süßduftenden, 6–7 mm großen Blüten bilden eine wenigblütige Doldentraube. Kronblätter etwa doppelt so lang wie die rot gerandeten Kelchblätter. Der zarte, blattlose Stengel ist fein flaumig behaart, die rosettig angeordneten, schmalen, bewimperten vorne spitz 3lappigen Blätten bilden dichtrasige Hohlkugelpolster. V Auf Felsbändern, Geröllhalden, in Felsspalten; nur auf Kalk, nur auf Fels (kalkstet, felsenstet). Verbreitet, aber nicht häufig. B Die hübschen lila Polster dieser hochalpinen Art schmücken oft über größere Flächen die Felsen (Name!). Durch ihre Wuchsform ist die Art gut an extreme Standorte angepaßt.

Rundblättr. Täschelkraut

Thlaspi rotundifolium

5–15 cm	VI–IX	1400–3400 m

M Die stark duftenden, 8–10 mm großen, hellvioletten Blüten mit dunklen Adern stehen in reichblütiger, halbkugeliger Doldentraube. Neben vielen blütentragenden Trieben entspringen der bis 40 cm tief verankerten Pfahlwurzel auch zahlreiche nichtblühende Triebe. Die kahlen, bläulich-grünen Grundblätter sind rosettig gehäuft, die Stengelblätter am Grund breit geöhrt und stengelumfassend. **V** Häufig auf Geröll und Grobschutt; auf Kalk und Dolomit. **B** Schuttwanderer, der mit langen, unbewurzelten Trieben durch Geröll kriecht. Endrosette blüht, überwintert. Blüten werden bereits im Herbst angelegt, blühen daher gleich nach dem Ausapern. Frostkeimer.

Rostblättrige Alpenrose

Rhododendron ferrugineum

20–100 cm	VI–VIII	1500–2840 m

M Die dunkelrosaroten, engen Blütenglocken des immergrünen Strauches stehen in dichten Doldentrauben. Kelchzipfel sehr kurz, Krone trichterförmig-glockig, innen behaart. Strauch mit wenigen, kräftigen Zweigen, unten oft blattlos. Die derben, länglich-lanzettlichen Blätter sind am Rande umgerollt, nicht bewimpert, oben dunkelgrün, unten rostbraun. **V** Auf Almweiden, Zwergstrauchheiden, in lichten Zirben- und Latschenwäldern; auf Silikat, auch auf humusbedeckten Kalkböden. **B** Geschützt! Obwohl sie eine Alpenpflanze ist, braucht die Alpenrose im Winter eine schützende Schneedecke, sie ist nämlich extrem frostempfindlich.

Bewimperte Alpenrose

Rhododendron hirsutum

20–100 cm	VI–VIII	1400–2500 m

[M] Die hellrosa, weiten, duftenden Blütenglocken stehen in dichten Doldentrauben, wie bei der nebenan beschriebenen Rostblättrigen Alpenrose. Die Art bleibt insgesamt etwas niedriger, ist dafür aber dichter verzweigt und reicher beblättert. Die ovalen, ledrigen, immergrünen Blätter sind am Rand bewimpert. [V] Auf Kalkschutt, Geröll, steinigen Hängen, in lichten Föhren- und Latschenwäldern; fehlt auf Silikat. [B] Diese Art ist von der nebenstehenden räumlich meist getrennt und wächst nur auf Kalk, während *Rh. ferrugineum* standortsindifferenter ist. Alpenrosen ergeben einen aromatischen Honig. Tee aus Blättern hilft gegen Kreislaufstörungen. Geschützt!

Gamsheide

Loiseleuria procumbens

2–3 cm	VI–VIII	1600–3000 m

M Die 2–5blütigen Dolden des niederliegenden, immergrünen, reichverzweigten Spalierstrauches tragen 5 mm große Einzelblüten mit glockiger, hellrosa Krone und tief 5spaltigem Kelch. Die dicht beblätterten Zweige werden bis 45 cm lang, tragen ledrige, glänzend dunkelgrüne, schmal-elliptische Blätter mit umgerollten Rändern. **V** In Zwergstrauchheiden bestandsbildend, an windexponierten Graten, in Schutt und Geröll; auf trockenen, humosen Böden. **B** In den ersten Wochen des Bergfrühlings tauchen die bereits im Vorjahr angelegten Blüten ganze Berghänge in zartes Rosa. Extrem widerstandsfähig gegen Wind und Frost (–30 °C).

Gletscher-Mannsschild

Adrosace alpina

2–5 cm	VII–VIII	1950–4200 m

M Die 5–7 mm großen, einzeln-endständig stehenden Blüten sind deutlich gestielt, die Krone ist rosenrot oder weiß mit gelbem Schlund. Die niedrige, mit verzweigten Sternhaaren besetzte Staude bildet lockerrasige, flache Polster. Blätter lanzettlich, am Triebende rosettig gehäuft, überwintern immergrün und bleiben bis zum nächsten Herbst erhalten. Sie schützen die stets wachsende Endknospe, die im nächsten Jahr die Blüte trägt. **V** Verbreitet und gesellig auf kalkhaltigem, feuchtem Schutt und Moränenböden. Endemit der Zentralalpen. **B** Die blütenübersäten Polster überziehen oft große Flächen. »Gipfelstürmer« unter den alpinen Blütenpflanzen.

Mehl-Primel

Primula farinosa

5–30 cm	IV–VII	bis 2900 m

M Die reichblütige Dolde besteht aus 8–16 mm großen rotlila bis hellpurpur, selten weißen Einzelblüten mit auffallend gelbem Schlund. Blätter verkehrt-eiförmig-länglich, jung nach hinten umgerollt, bilden eine Grundrosette. Blattrand gekerbt oder gesägt, Oberseite schwach runzelig, wenig glänzend, Unterseite stark bemehlt (Name!) – wie auch Kelch und Blütenschaftende. **V** Häufig auf feuchten Wiesen, Flachmooren, im Hochgebirge auch auf trockenen, windexponierten Standorten; basische und saure Böden. **B** Geschützt! Die weitverbreitetste Primelart und die häufigste alpine Primel. Im Vorland ausschließlich auf Flachmooren.

Behaarte Primel

Primula hirsuta

1–7 cm	IV–VII	1500–3600 m

M Die leuchtend rosaroten, duftenden, gestielten Blüten mit weißem Schlund stehen zu 1–17 in einer Dolde. Blütenschaft meist kürzer als die ovalen, etwas fleischigen, rasch in den Blattstiel verlängerten Blätter. Blattrand grob gezähnt. Alle grünen Teile sind dicht mit sehr kleinen, klebrigen, farblosen Drüsenhaaren besetzt (Name!) V Herdenweise in Felsspalten und Klüften; auf saurem Gestein. B Geschützt! Das Drüsensekret vieler Primelarten kann bei empfindlichen Menschen zu unangenehmen Hautallergien führen. Primeln der Alpen sind rot bis blau (Bestäuber: Falter), in der Ebene gelb (Bestäuber Bienen) – eine Anpassung der Blütenfarbe an die Bestäuber.

Blauer Eisenhut

Aconitum napellus

50–150 cm	VII–IX	bis 3000 m

M Die tiefblau-violetten Blüten der hohen, kahlen Staude stehen in dichten Trauben. Das oberste der 5 kronblattartigen Blütenblätter ist helmartig über 2 langgestielte Honigblätter gezogen. Staubblätter zahlreich. Die handförmigen, 5–7teiligen Blätter mit schmalen, linealen Abschnitten sind oben dunkelgrün, unten glänzend lichtgrün. **V** Auf Hochstauden-, Lägerfluren, an Bachufern; auf gedüngten Böden. **B** Geschützt! Wie alle Eisenhutarten ist auch diese Art, v.a. die schwärzliche Rübenwurzel wegen des Alkaloidgehaltes (Aconitin, Napellin) sehr giftig. Wurde im Altertum bereits als Pfeil- und Mordgift verwendet.

Langsporniges Veilchen

Viola calcarata

4–10 cm	VI–VIII	1500–2800 m

M Die großen dunkelvioletten (selten gelb oder weißscheckig) Blüten der kleinen Rosettenstaude stehen meist einzeln am gebogenen Blütenstengel. Die Kronblätter tragen einen 8–15 mm langen Sporn, der ebenso lang ist wie die Blütenblätter. Kelch mit großen Anhängseln. Laubblätter eiförmig, gekerbt. Der ästige Erdstock treibt unterirdische, bis 40 cm lange Ausläufer. **V** Auf Felsschutt, steinigen Weiden, steilen, sonnigen Abhängen; basische bis neutrale Böden. **B** Geschützt! Die Art wird v. a. von Faltern bestäubt, die den engen Blüteneingang und langen, dünnen Sporn am besten mit ihrem Rüssel erreichen können.

Echtes Alpenglöckchen

Soldanella alpina

5–15 cm	IV–VII	500–3000 m

M Je 2–3 azurblaue bis violette Blütenglöckchen stehen nikkend oder schief aufrecht am blattlosen Blütenschaft. Blumenkrone trichterförmig, bis zur Mitte in zierliche Fransen gespalten, innen mit 5 kleinen Schlundschuppen. Griffel länger als die Krone. Ledrig dunkelgrüne, oben deutlich geaderte Blätter grundständig, rundlich-nierenförmig, ganzrandig. **V** Häufig, bestandsbildend auf feuchten Matten und Weiden; frische basische bis neutrale Böden. **B** Im Frühjahr schmilzt sich die Pflanze regelrecht durch die Schneedecke hindurch, da sie mit ihren rotgefärbten Knospen und Blütenstielen die Sonnenwärme absorbieren kann.

Stengelloser Enzian

Gentiana clusii

4–10 cm	V–VIII	1200–2760 m

M Die 5–6 cm großen, glockig-trompetenförmigen, leuchtend blauen Blüten sind außen etwas grünlich-blau. Kelch aufrecht, grün, der Krone anliegend, mit spitzen Buchten. Der leicht kantige Stengel ist sehr kurz oder fehlt, die grundständigen, steifen Blätter sind lanzettlich-spitz, in der Mitte oder unterhalb am breitesten. V Gesellig auf Mäh- und Magerwiesen; kalkliebend, düngerfeindlich. B Zusammen mit dem sehr ähnlichen Breitblättrigen Enzian *(G. kochiana)* verkörpert diese Art die Enziane schlechthin. Beide Arten sind, wie alle Enziane geschützt! Durch unerlaubtes Pflücken, Ausgraben und v. a. Düngen heute sehr selten geworden.

Frühlings-Enzian

Gentiana verna

3–12 cm	III–VIII	bis 2900 m

M Die Blütenfarbe der lockerrasigen, kahlen Pflanze mit dicht beblätterten, blütenlosen und sehr kurzen, meist 1blütigen Stengeln variiert sehr stark: weiß - hellblau - lila - dunkelviolett, oft jedoch tiefblau. Krone mit 5 eirunden Kronzipfeln, dazwischen je ein 2spitziges, weißliniges Anhängsel. Kelch röhrig, an den Kanten schmal geflügelt. Grundblätter rosettig, lanzettlich-spitz, mit deutlichem Mittelnerv. **V** Gesellig auf Magermatten, Weiden, Felsen, in Flachmooren; auf Kalk und Silikat. **B** Blüht gelegentlich im Herbst oder milden Winter noch einmal mit wesentlich kleineren Blüten.

Schwalbenwurz-Enzian

Gentiana asclepiadea

30–70 (-100) cm	VIII–X	bis 2200 m

M Die dunkel-azurblauen, 35–50 mm großen Blüten sitzen zu 1–3 in den oberen Blattachseln, oft nach der gleichen Seite gedreht. Kelch glockig, Krone trichterförmig-glockig, innen dunkel punktiert, mit 5 meist 3eckigen Zipfeln, dazwischen je 1 stumpfer Zahn. Blätter lanzettlich, lang zugespitzt, 3nervig, in der Sonne kreuzgegenständig, im Schatten 2zeilig. Die verholzte Grundachse treibt mehrere aufrechte oder überhängende, unverzweigte, dichtlaubige, vielblütige Stengel. **V** In Wäldern, feuchten Wiesen, Weiden; auf kalkhaltigen, tonigen Böden. **B** Blätter ähnlich denen der Schwalbenwurz (Name!). Alte Heilpflanze. Geschützt.

Bärtige Glockenblume

Campanula barbata

10–40 cm	VI–VIII	bis 2800 m

M Die himmelblauen, auch weißen oder violetten Blütenglokken stehen in einseitswendiger Traube am aufrechten, steifhaarigen, wenig beblätterten Stengel. Der Kelch ist zottig behaart, mit umgeschlagenen Anhängseln in den Buchten der Zipfel. Die glockige Blumenkrone mit bärtigen Zipfeln wird bis 3 cm lang und ist in der Farbe sehr variabel. Grundblätter rosettig, länglich-lanzettlich, in den Blattstiel verschmälert, fast ganzrandig. **V** Auf Weiden und Matten, in lichten Wäldern; auf Humuspolstern, kalkfeindlich. **B** Die hübsche Glockenblume ist leicht an ihren zottig behaarten Blüten zu erkennen (Name!). Haare bis 5 mm lang.

Scheucherzs Glockenbl.

Campanula scheuchzeri

10–40 cm	VII–IX	1400–3100 m

M Die gestielten Blüten der lockerrasigen Pflanze mit kriechendem Wurzelstock und aufrechtem, kahlem Stengel stehen endständig, einzeln oder in 2–6blütiger Traube. Die relativ große (18–26 mm), weitglockige, dunkelviolette Krone ist bis zum Viertel der Länge in eiförmige, gespitzte Zipfel gespalten. Kelchzipfel etwas länger als die halbe Krone. Grundblätter rundlich-nierenförmig, zur Blütezeit bereits vertrocknet. Stengelblätter lineal-lanzettlich, sitzend, nach oben schmäler werdend, am Grund bewimpert. V Häufig auf Wiesen, Weiden, hatten, Felsschutt. B Durch zeitliche Verschiebung von Pollen- und Narbenreife ist Fremdbestäubung gesichert.

Alpen-Leinkraut

Linaria alpina

5–15 cm	VI–IX	1200–3400 m

M Die Blüten des meist 2jährigen, kahlen, oft lockere Polster bildenden Pflänzchens stehen in kurzer, endständiger Traube. Krone blauviolett mit langem Sporn und safrangelbem oder ziegelrotem Unterlippenwulst, der den Schlund völlig verschließt. Oberlippe 2spaltig, zurückgeschlagen. Blätter schmal, lanzettlich, dick, blaugrün, zu 3–4 in Quirlen sitzend. **V** Auf bewegten Schutt- und Geröllhalden, die im Winter schneebedeckt sind, auf Flußschotter und Kiesbänken; kalkliebend. **B** Typischer Schuttüberkriecher, unterirdischer Stamm sendet bis zu 60 unbewurzelte Triebe aus, die das Geröll durchdringen oder ihm lose aufliegen.

Alpenhelm

Bartsia alpina

5–10 cm	V–VIII	bis 2950 m

M Die schwarzvioletten Blüten der Halbschmarotzerstaude stehen endständig in kurzer, mehrblütiger Traube. Krone rachenförmig mit ungeteilter, helmförmiger Oberlippe (Name!) und 3lappiger Unterlippe. Kelch röhrig-glockig, 4spaltig, drüsig-zottig. Blätter gegenständig, eiförmig, mit leicht herzförmiger Basis sitzend, kerbsägig, kurzhaarig, v. a. die oberen violett überlaufen. V Alpine Wiesen und Quellfluren; sickerfeuchte, schwach saure, humose Böden. B Halbschmarotzer, der gleich nach der Keimung Saugorgane bildet, die sich an Wurzeln benachbarter Pflanzen heften. Gleichzeitig ernährt er sich mit Hilfe seiner oberirdischen, grünen Triebe.

Himmelsherold

Eritrichum nanum

2–5 cm	VII–VIII	2500–3390 m

[M] Die vergißmeinnichtähnlichen, duftenden Blüten der Polsterstaude stehen in 3–6blütigen Wickeln. Krone himmelblau, mit 5 goldenen Schlundschuppen. Blätter rosettig gehäuft, lanzettlich, mattgrün, beiderseits seidig-zottig behaart. Starke, verholzte Pfahlwurzel, oberirdisches Stämmchen sehr verzweigt und dicht beblättert. [V] In Felsspalten, auf Graten und Kuppen; auf saurem, kalkarmem Gestein. Selten! [B] Geschützt! Hochalpine Nivalpflanze, gehört zu den letzten Vorposten pflanzlichen Lebens in Schnee und Eis. Hervorragend an extreme Standorte angepaßt: zottiges Haarkleid schützt vor Verdunstung, Polster trotzt jedem Schneesturm.

Alpen-Aster

Aster alpinus

5–20 cm	VII–VIII	1400–3100 m

[M] Die aufrechte Staude trägt am beblätterten, behaarten Stengel fast immer nur einen auffallend großen, 3,2–4,5 cm breiten Blütenkopf mit 1reihigen, violetten Zungenblüten und goldgelben Scheibenblüten. Blätter 3nervig, ganzrandig, flaumig behaart. Grundblätter länglich-spatelig, in den kurzen Stiel verschmälert, Stengelblätter lanzettlich, sitzend. [V] Trockene, sonnige Weiden, Magermatten, an Felsen und Windecken; kalkliebend. [B] Geschützt! Wächst häufig zusammen mit dem Edelweiß. Die prächtige Staude ist für Insekten durch den auffallenden Kontrast zwischen tiefvioletten Strahlen- und goldgelben Scheibenblüten sehr attraktiv.

Register

Deutsche Namen

Wissenschaftliche Namen

Bildnachweis:

Bellmann: 9, 48, 52, 57; Daudt: 54; Eigstler: 12, 14, 22, 30, 42, 61; Eisenbeiss: 10, 11, 16, 17, 18, 24, 25, 27, 28, 31, 32, 38, 39, 43, 44, 45, 47, 50, 51, 55, 58, 59, 60; Pott: 40; Reinhard: 15, 29, 33, 56; Schrempp: 21, 23, 37; Seidl: 8, 13, 19, 20, 36, 46, 53; Wolfstetter: 26; Wothe: 2, 34; Zeininger: 41; Zepf: 35, 49.

Titelbild: Hermann Eisenbeiss
Grafik und Layout: Anton Walter